Impressum
Verlag: BABADADA GmbH, Nedderfeld 112 , 22529 Hamburg
Geschäftsführer / Verlagsleitung: Harald Hof
Druck: Books on Demand GmbH, In de Tarpen 42, 22848 Norderstedt

Imprint
Publisher: BABADADA GmbH, Nedderfeld 112 , 22529 Hamburg, Germany
Managing Director / Publishing direction: Harald Hof
Print: Books on Demand GmbH, In de Tarpen 42, 22848 Norderstedt, Germany

школа

baba

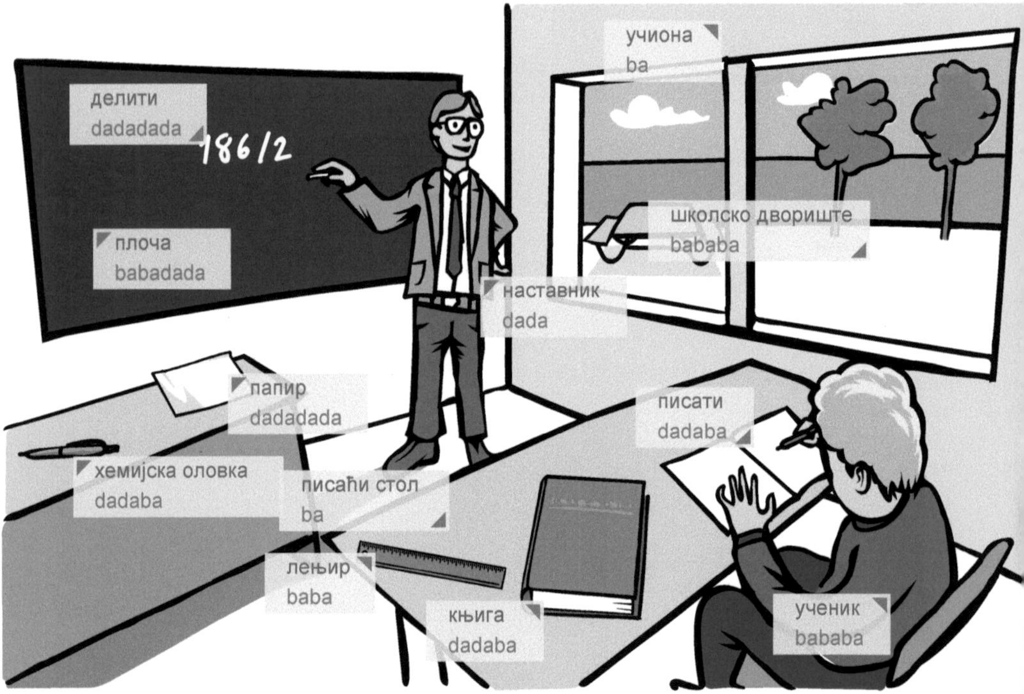
учиона
ba
делити
dadadada
186/2
плоча
babadada
школско двориште
bababa
наставник
dada
папир
dadadada
писати
dadaba
хемијска оловка
dadaba
писаћи стол
ba
лењир
baba
књига
dadaba
ученик
bababa

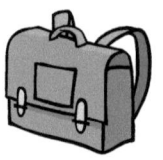

торба

dadaba

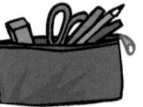

перница

dada

графитна оловка

bababa

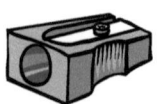

шиљило за оловке

dadaba

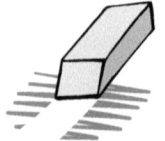

гумица за брисање

baba

блок за цртање

ba

цртеж

bababa

кист

ba

кутија са бојама

dada

маказе

babadada

лепило

dadaba

бележница

dadadada

домаћи задатак

babadada

број

bababa

сабирати

dadaba

одузимати

bababa

множити

badada

рачунати

dadababa

слово

babababa

абецеда

babababa

реч

dada

текст

babadada

читати

dadadada

креда

dada

час

babababa

дневник

ba

испит

baba

сведочанство

babababa

школска униформа

babadada

образовање

babababa

лексикон

dadababa

универзитет

babababa

микроскоп

dadababa

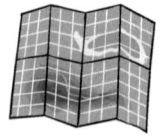

карта

bababa

кошара за папир

babadada

путовање
baba

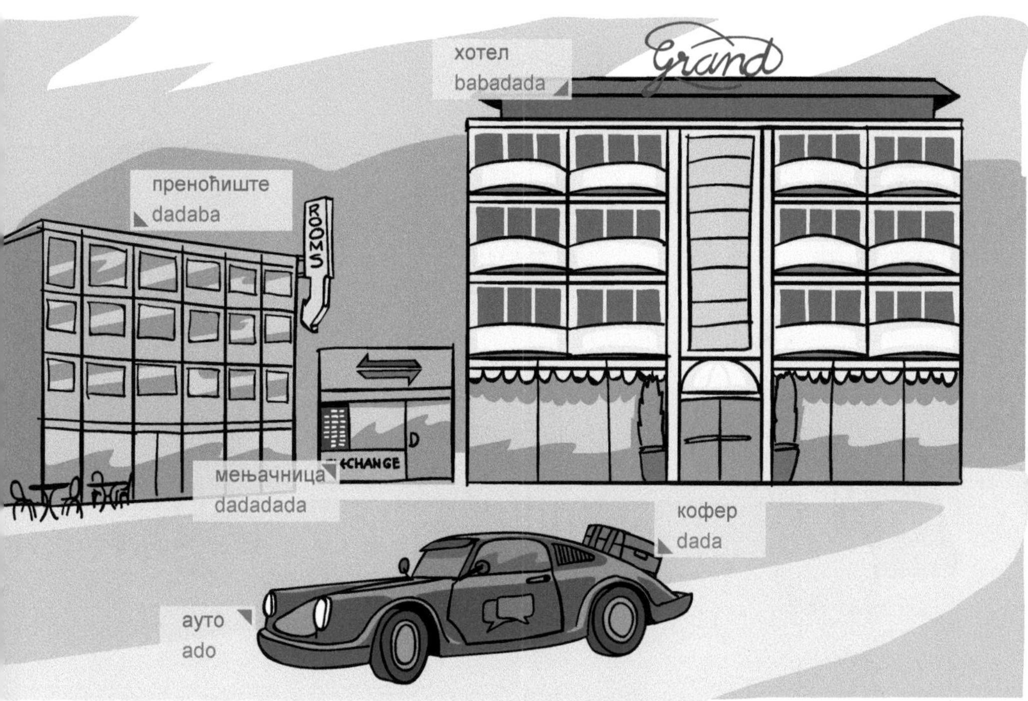
хотел
babadada
Grand
преноћиште
dadaba
ROOMS
мењачница
dadadada
EXCHANGE
кофер
dada
ауто
ado

језик

dadadada

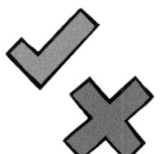

да / не

da / meh

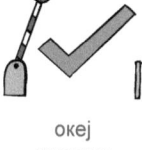

океј

Oh

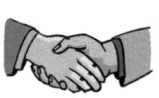

здраво

ba

преводилац

dada

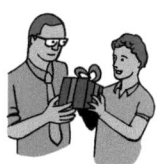

хвала

dada

Колико кошта...?

babababa

не разумем

ah

проблем

dadaba

добро вече!

ba dada

Добро јутро!

babadada

Лаку ноћ!

heia!

довиђења

dadaba

смер

badada

пртљага

dada

торба

babababa

руксак

babababa

гост

baba

соба

dadadada

врећа за спавање

dadadada

шатор

dada

туристичке информације

dadadada

плажа

badada

кредитна картица

babadada

доручак

dadababa

ручак

baba

вечера

bababa

карта за вожњу

dada

лифт

dada

поштанска маркица

babadada

граница

badada

царина

dadaba

амбасада

babadada

виза

dadaba

пасош

dada da da da

транспорт
dadadada

авион
baba

брод
dada

ватрогасно возило
baba

теретно возило
bababa

аутобус
babababa

моторни чамац
dada

бицикл
dadadada

ауто
ado

трајект
babadada

чамац
baba

мотоцикл
bababa

полицијски ауто
ado

тркаћи ауто
ado

изнајмљено ауто

дељење аутомобила
....
dada

вучно возило
....
ado

возило за одвоз смећа
....
ado

мотор
....
brumbrum!

бензин
....
bababa

бензинска станица
....
dada

саобраћајни знак
....
dadaba

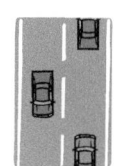

саобраћај
....
badada

застој
....
ado ado

паркиралиште
....
babadada

железничка станица
....
babababa

шине
....
dada

воз
....
dadaba

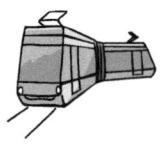

трамвај
....
baba

вагон
....
dadaba

хеликоптер

baba

аеродром

baba

кула

dadaba

путник

baba

контејнер

badada

картон

dada

колица

baba

корпа

dadadada

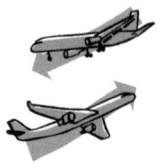

узлетети / слетети

da / bada

град

dadaba

село

bababa

центар града

dadababa

кућа

dadaba

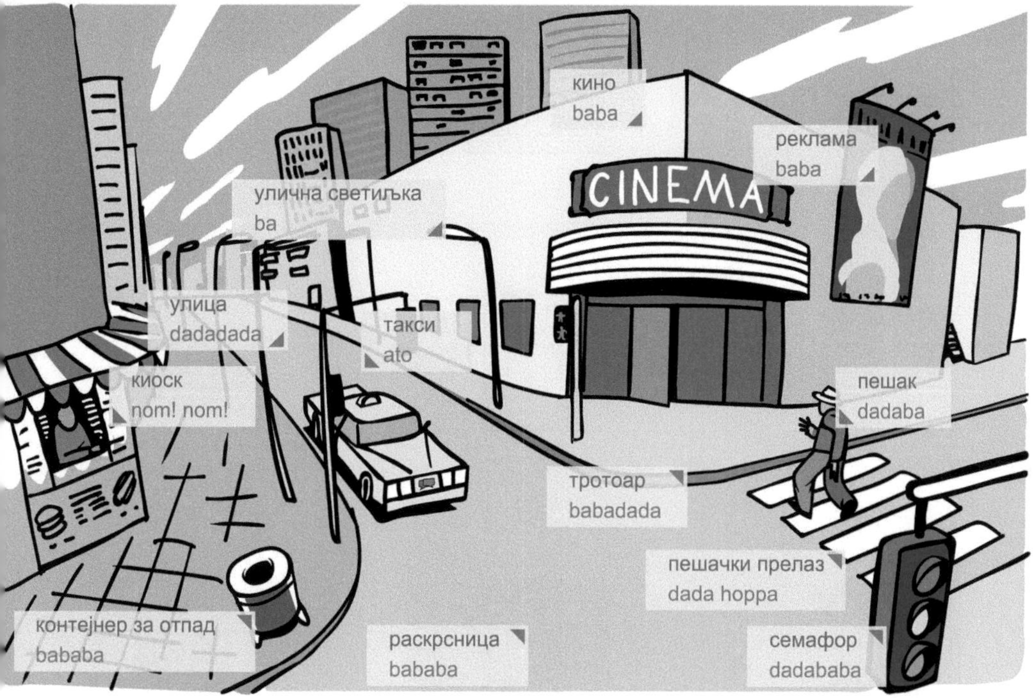

кино
baba

реклама
baba

улична светиљка
ba

CINEMA

улица
dadadada

такси
ato

киоск
nom! nom!

пешак
dadaba

тротоар
babadada

пешачки прелаз
dada hoppa

контејнер за отпад
bababa

раскрсница
bababa

семафор
dadababa

колиба

babadada

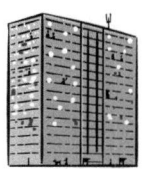

стан

dadadada

железничка станица

babababa

већница

dadaba

музеј

bababa

школа

baba

универзитет

bababab

банка

dadadada

болница

aua!

хотел

babadada

апотека

aua!

канцеларија

baba

књижара

bababa

продавница

ba

цвећара

dadaba

супермаркет

dada nom nom

трг

dadadada

робна кућа

dadadada

рибарница

nom! nom!

трговачки центар

baba

лука

ba

парк

dadadada

клупа

baba

мост

bababa

степенице

dadadada

подземна железница

bababa

тунел

baba

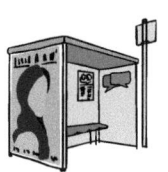

аутобуска станица

ba

бар

babababa

ресторан

nom nom!

поштанско сандуче

dadaba

улични знак

dada

паркирни аутомат

baba

зоолошки врт

bababa

базен

dada

џамија

baba

сеоско газдинство

dadaba

загађење околине

dadababa

гробље

bababa

црква

ba

игралиште

dadababa

храм

bababa

пејсаж
dada

лист
baba

путоказ
baba

пут
dada

ливада
bababa

камен
baba

дрво
dadababa

шетач
dada

река
bababa

трава
dada

цвет
mama!

долина

badada

планина

bababa

језеро

dadadada

шума

dadadada

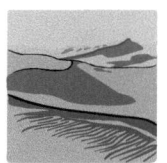

пустиња

dadababa

вулкан

dadaba

дворац

babababa

дуга

dadaba

гљива

bababa

палма

dadababa

москито

aua!

мува

badada

мрав

dadababa

пчела

summ summ

паук

dada

буба

dadaba

жаба

quak

веверица

dadababa

јеж

dadaba

зец

baba

сова

gackgack

птица

gackgack

лабуд

gackgack

дивља свиња

babadada

јелен

dadadada

лос

dadadada

насип

dadadada

ветрењача

ba

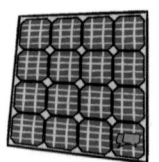

соларна плоча

dadadada

клима

bababa

конобар
dadadada

јеловник
baba

столица
dadaba

супа
nom! nom!

пица
nom nom!

прибор за јело
ba

стољак
babababa

предјело
....
nom! nom!

главно јело
....
nom! nom!

десерт
....
nom nom!

напитци
....
dadababa

јело
....
nom nom!

флаша
....
nom nom!

брза храна

nom! nom!

имбис храна

nom! nom!

чајник

babababa

доза за шећер

nom! nom!

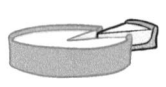

порција

nom nom!

апарат за еспресо

dadaba

висока столица

bababa

рачун

ba

послужавник

bababa

нож

ba

виљушка

babadada

кашика

dadaba

чајна кашика

bababa

салвета

dadaba

чаша

ba

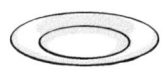

тањир

nom nom!

тањир за супу

bababa

тањирић

bababa

сос

nom! nom!

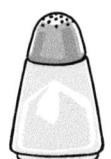

сољенка

dadadada

млин за бибер

dadaba

сирће

bähbäh

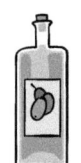

уље

dadababa

зачини

dadababa

кечап

nom! nom!

сенф

nom! nom!

мајонеза

nom nom!

супермаркет

dada nom nom

понуда
dadababa
FOR
купац
dadaba
млечни производи
dadaba
воће
nom nom!
колица за куповину
baba

BUTCHERS

месница

dadaba

BAKERY

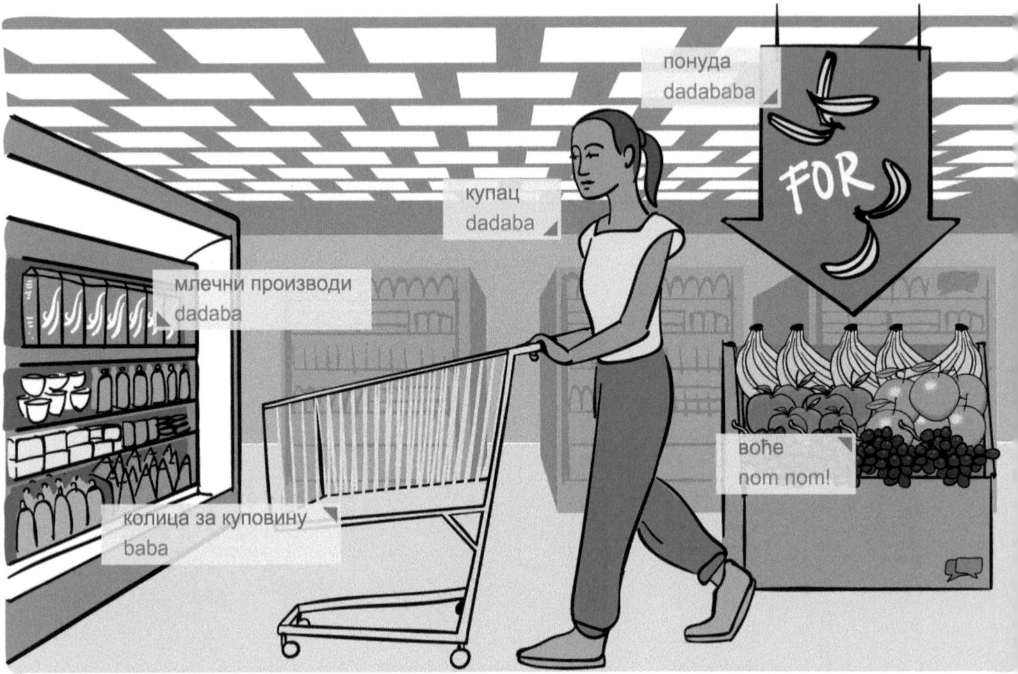

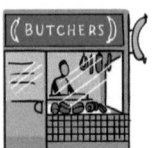

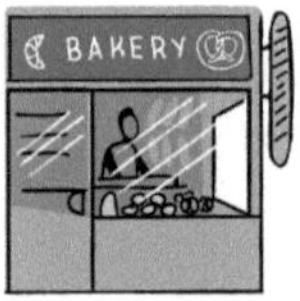

пекара

nom! nom!

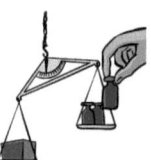

вагати

bababa

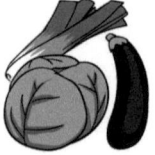

поврће

bähbäh

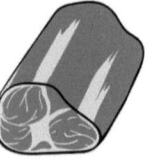

месо

nom nom!

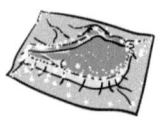

смрзнута храна

nomnom

нарезак

nom nom!

конзерве

nomnom

средство за прање

babab а

слаткиши

baba

артикли за домаћинство

dadaba

средства за чишћење

dadababa

продавачица

bababa

благајна

bababa

благајник

dadaba

листа за куповину

dada

време рада

dadababa

новчаник

baba

кредитна картица

babadada

торба

dadababa

пластична кеса

dadababa

вода

wasa

сок

dadadada

млеко

badada

кола

ba

вино

bababa

пиво

dadadada

алкохол

dadaba

какао

bababa

чај

dadababa

кава

dada

еспресо

dadaba

капућино

dadababa

банана

nane

јабука

nom nom!

наранџа

bababa

лубеница

nom nom!

лимун

nom nom!

шаргарепа

bähbäh

бели лук

bada meh

бамбус

dadaba

лук

dadaba

гљива

nom nom!

орашасти плодови

nom nom!

резанци

nom nom!

шпагете

nom nom!

рижа

nom nom!

салата

nom nom!

помфрит

nom nom!

печени крумпир

nom nom!

пица

nom nom!

хамбургер

nom nom!

сендвич

nom nom!

шницла

nom nom!

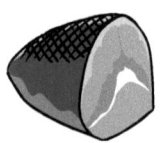

шунка

nom nom!

салама

nom nom!

кобасица

nom nom!

кокош

gack gack

печење

nom nom!

риба

nom nom!

зобене пахуљице
....
nom nom!

мусли
....
bähbäh

кукурузне пахуљице
....
nom nom!

брашно
....
nom nom!

кроасан
....
nom nom!

пециво
....
babadada

хлеб
....
nom! nom!

тоаст
....
nom nom!

кекси
....
nom nom!

маслац
....
nom nom!

свежи сир
....
nom nom!

колач
....
nom nom

jaje
....
dadaba

jaje на око
....
nom nom!

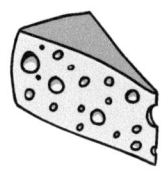

сир
....
bada muh

сладолед

nom nom!

шећер

nom nom!

мед

baba summ

мармелада

nom nom!

нугат крема

nom nom!

кари

babadada

сеоско газдинство

dadaba

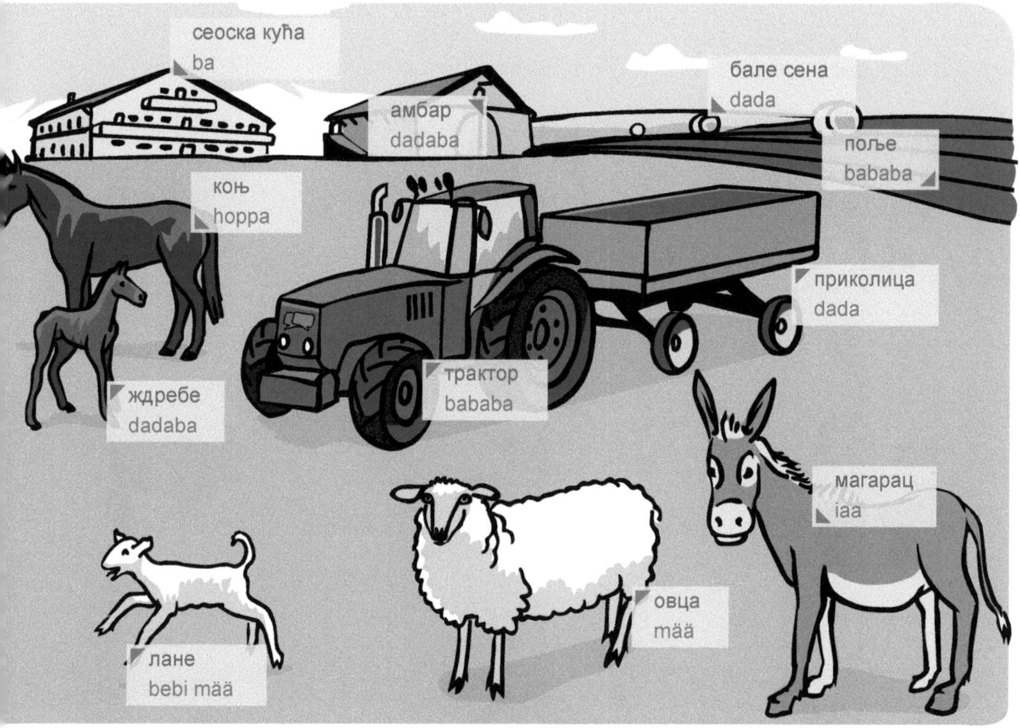

сеоска кућа
ba
бале сена
dada
амбар
dadaba
поље
bababa
коњ
hoppa
приколица
dada
трактор
bababa
ждребе
dadaba
магарац
iaa
овца
mää
лане
bebi mää

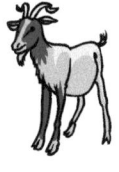

коза

baba

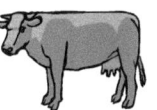

крава

muh

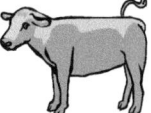

теле

mimuh

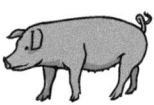

свиња

mama oink

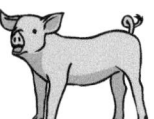

прасе

oink

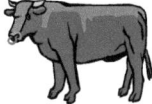

бик

dadadada

гуска

gackgack

патка

gackquack

пилићи

gacki

кокош

gackgack

петао

gacko

пацов

dada

мачка

mau

миш

bababa

вол

muh

пас

wauwau

кућица за пса

wauwau

вртно црево

baba

канта за поливање

dadababa

коса

baba

плуг

dadababa

срп

baba

мотика

dadadada

виљушка за ђубриво

dada

секира

bababa

тачке

babababa

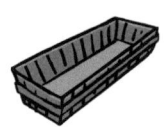

корито

baba

посуда за млеко

dada muh

врећа

dadababa

ограда

badada

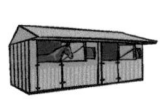

штала

dadadada

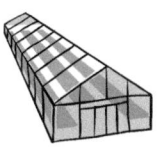

стакленик

ba

земља

babadada

семе

baba

ђубриво

baba

комбајн

dadababa

жети

bababa

жетва

dadadada

јамс зачин

dadaba

пшеница

dadababa

соја

dadababa

крумпир

bababa

кукуруз

badada

уљана репица

bababa

воћка

bababa

гомољ маниоке

dadadada

житарице

dadababa

сеоско газдинство - dadaba

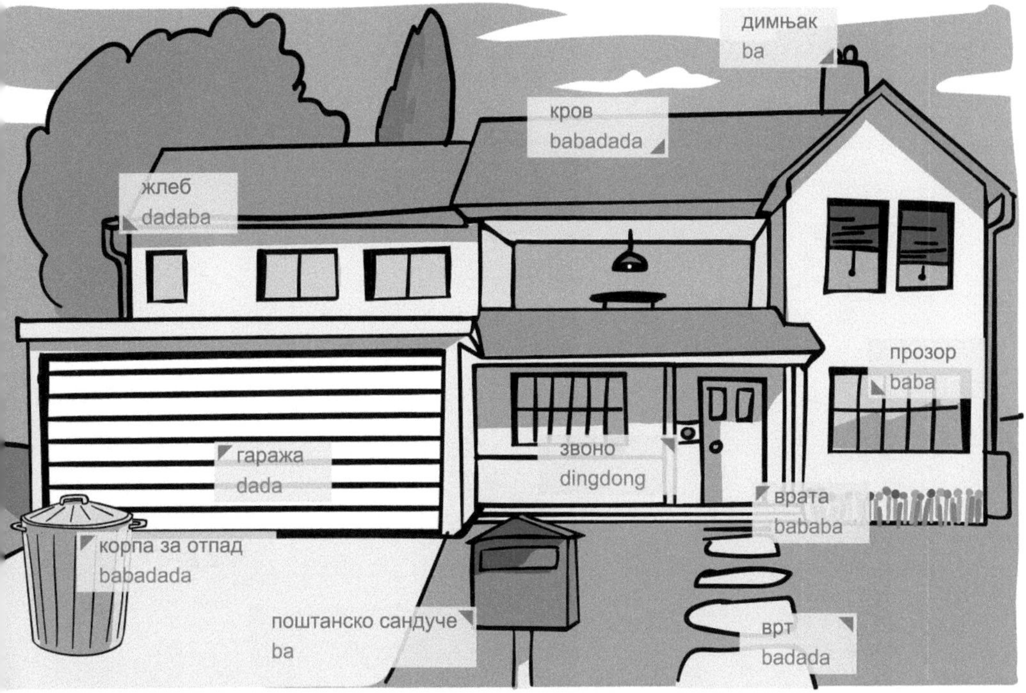

димњак
ba

кров
babadada

жлеб
dadaba

прозор
baba

гаража
dada

звоно
dingdong

врата
babababa

корпа за отпад
babadada

поштанско сандуче
ba

врт
badada

дневна соба

dadadada

купаоница

bababa

кухиња

bababa

спаваћа соба

dadababa

дечија соба

meina

трпезарија

dadaba

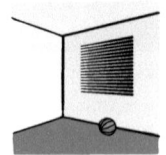

под

badada

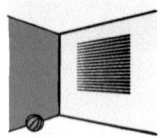

зид

dadababa

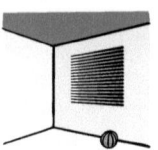

строп

bababa

подрум

dada

сауна

dadababa

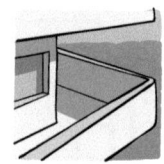

балкон

babababa

тераса

dadadada

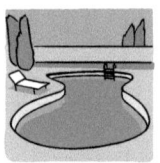

базен

bababa

косилица за траву

baba

постељина за кревет

dadaba

дека за кревет

babadada

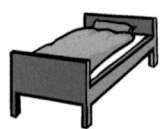

кревет

heia!

метла

dada

канта

dadaba

прекидач

dadababa

дневна соба

dadadada

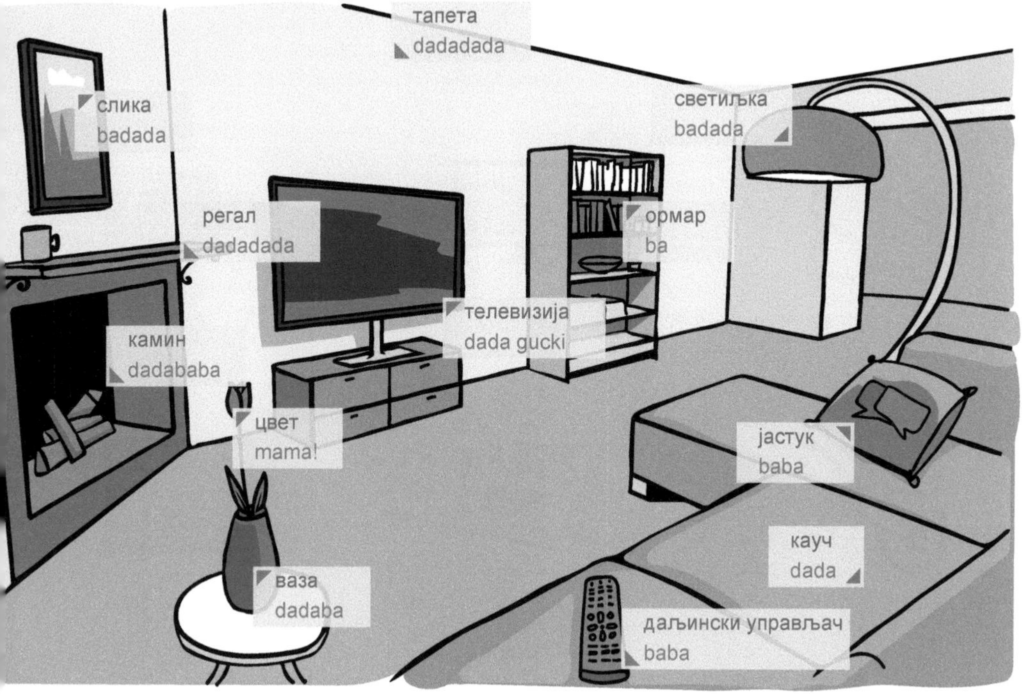
тапета
dadadada
слика
badada
светиљка
badada
регал
dadadada
ормар
ba
телевизија
dada gucki
камин
dadababa
цвет
mama!
јастук
baba
кауч
dada
ваза
dadaba
даљински управљач
baba

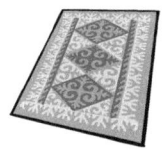

тепих

dada

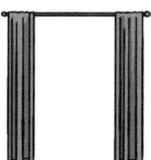

завеса

bababa

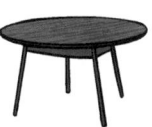

сто

ba

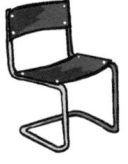

столица

dadaba

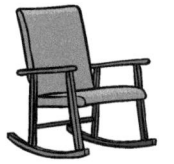

столица за њихање

dadadada

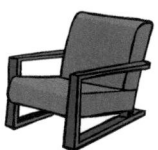

фотеља

bababa

књига

dadaba

дека

dadadada

декорација

dadaba

дрво за огрев

ba

филм

dadadada

хи-фи уређај

lala

кључ

babadada

новине

dadadada

слика на платну

dadadada

постер

bababa

радио

lala

блок за писање

dadababa

усисивач

babadada

кактус

aua!

свећа

babadada

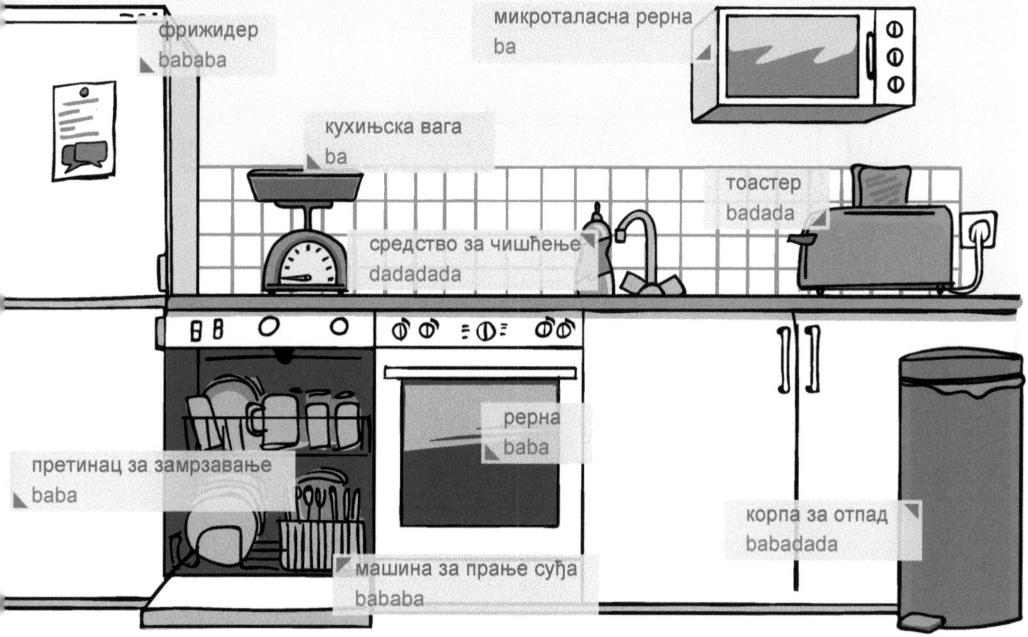

микроталасна рерна
ba

фрижидер
bababa

кухињска вага
ba

тоастер
badada

средство за чишћење
dadadada

рерна
baba

претинац за замрзавање
baba

корпа за отпад
babadada

машина за прање суђа
bababa

шпорет
dada

лонац
dada

гвоздени лонац
dada

вок / кадаи
baba / dada

тава
badada

кувало за воду
ba

кувало на пару

dadababa

лим за печење

bababa

посуђе

dadaba

чаша

dadadada

посуда

dadaba

штапићи за јело

baba

кутлача

dadaba

лопатица

dadadada

пењача

badada

сито за кување

dada

сито

bababa

рибеж

baba

мужар

dadababa

роштиљ

dada

огњиште

aua!

даска

dadababa

оклагија

bababab

вадичеп

dadababa

конзерва

dadadada

отварач конзерви

bababa

крпа за лонац

dadababa

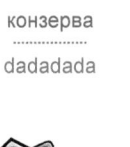

судопер

dadadada

четка

dadababa

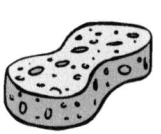

сунђер

ba

миксер

aua!

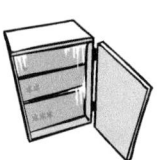

замрзивач

babadada

флашица за бебе

bababa

славина за воду

dadadada

купаоница
bababa

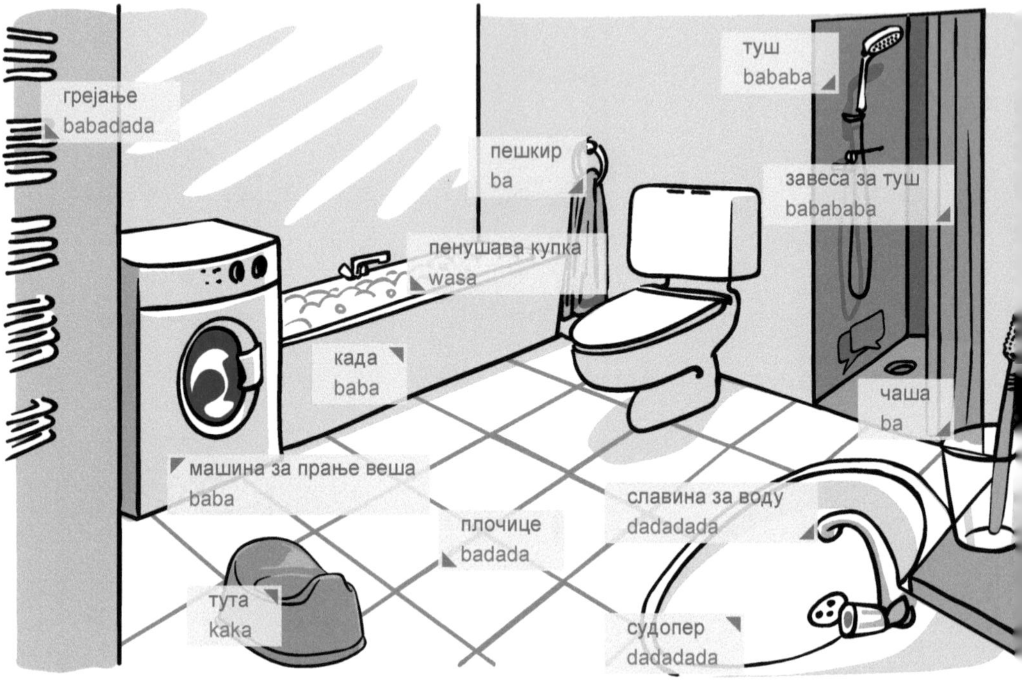

грејање
babadada
туш
bababa
пешкир
ba
завеса за туш
babababa
пенушава купка
wasa
када
baba
чаша
ba
машина за прање веша
baba
славина за воду
dadadada
плочице
badada
тута
kaka
судопер
dadadada

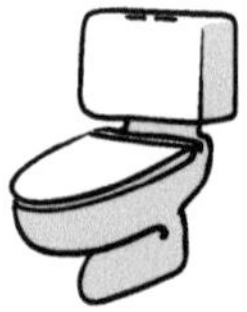

тоалет
kaka

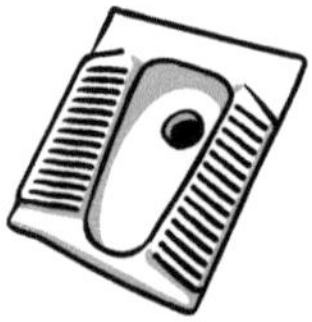

чучавац
ba

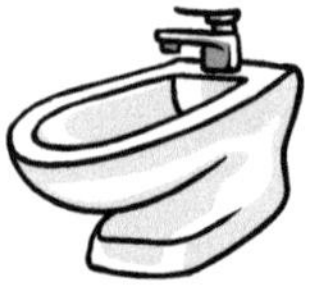

бидет
dadababa

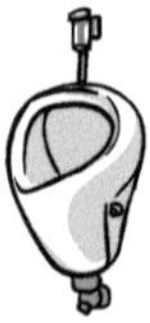

писоар
dadababa

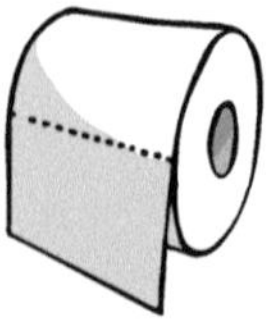

тоалетни папир
kaka

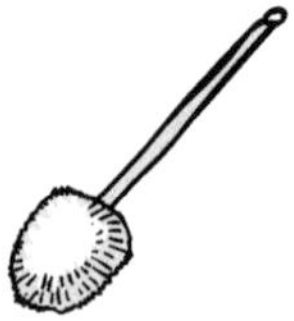

четка за тоалет
bababa

четкица за зубе

babababa

паста за зубе

nom! nom!

конац за зубе

dadadada

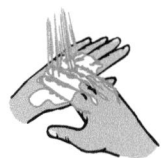

прати

babababa

туш ручица

babababa

туш за прање интимних делова

dadadada

лавор

badada

четка за прање леђа

dadadada

сапун

nom! nom!

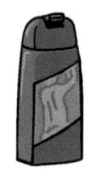

гел за туширање

nom! nom!

шампон

nom! nom!

крпа за прање

babadada

одвод

dadaba

крема

nom! nom!

дезодоранс

babababa

огледало

dadadada

козметичко огледало

dadadada

бријач

ba

пена за бријање

nom! nom!

лосион за после бријања

nam! nam!

чешаљ

dadababa

четка

baba

фен за косу

dadadada

спреј за косу

badada

шминка

dadaba

руж за усне

mama!

лак за нокте

ba

вата

babababa

маказе за нокте

dadadada

парфем

bababa

козметичка торбица

dadadada

столица

babababa

вага

dadadada

огртач

ba

рукавице за чишћење

babababa

тампон

ba

уложак

bababa

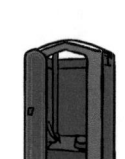

хемијски тоалет

baba

дечија соба

meina

будилник
bababa
плишана играчка
bababa
ауто играчка
auto
звечка
dadadada
кућица за лутке
bababa
поклон
babababa

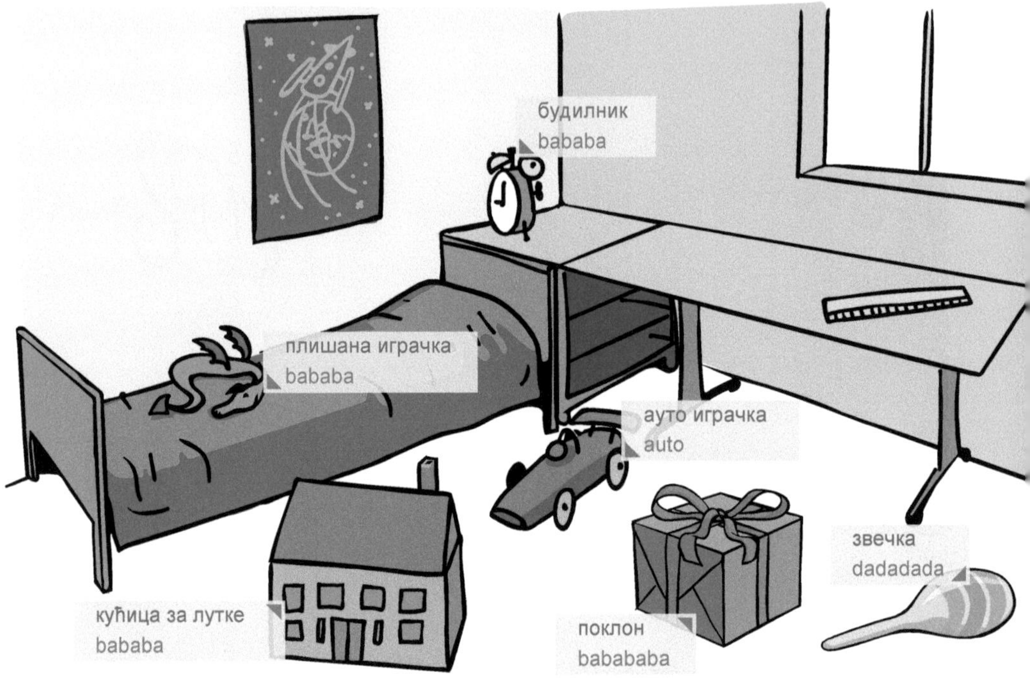

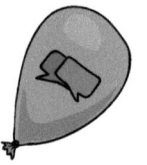

балон

dadadada

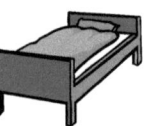

кревет

heia!

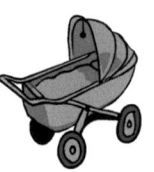

дјечија колица

dadaba

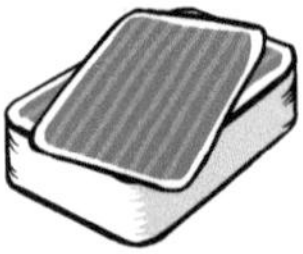

игра са картама

dadababa

слагалица

bababa

SUPER MEGA

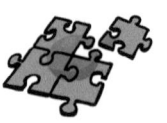

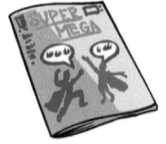

стрип

dadababa

лего коцкице

badada

коцкице за слагање

badada

акциони јунак

dada

бенкица за бебе

dadadada

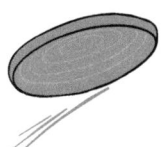
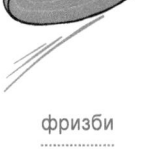

фризби

dadaba

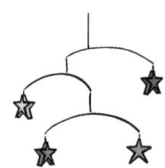

висеће играчке

dadaba

друштвене игре

ba

коцка

baba

минијатурна жељезница

dadababa

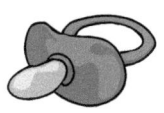

дуда

lula

забава

baba

сликовница

dadaba

лопта

dada

лутка

dada

играти

badada

пешчаник

dadaba

љуљачка

babababa

играчка

dadababa

конзола за игре

dadaba

трицикл

babadada

теди

dadababa

ормар

dadaba

одећа

baba

кратке чарапе

dadadada

чарапе

ba

хулахопке

dada

шал
bababa

каиш
dadababa

кишобран
bababa

мајица
badada

патике
ba

чизме
baba

папуче
baba

сандале
bababa

ципеле
badada

гумене чизме
dada

гаћице
ba

грудњак
baba

поткошуља
dadadada

боди

badada

панталоне

ba

фармерке

bababa

сукња

dada

блуза

bababa

кошуља

dadadada

џемпер

baba

џемпер с капуљачом

baba

сако

babadada

јакна

baba

мантил

bababa

кабаница

dadababa

костим

bababa

хаљина

ba

венчаница

dadaba

одело

dadadada

спаваћица

babababa

пиџама

heia

сари

baba

марама за главу

dadadada

турбан

dada

бурка

dada

кафтан

baba

абаја

dadadada

купаћи костим

wasa

купаће гаћице

bababa

кратке панталоне

dadababa

одећа за тренинг

babababa

кецеља

baba

рукавице

babababa

дугме

dadaba

наочаре

babadada

наруквица

dada

огрлица

dadababa

прстен

bababa

наушница

dadababa

капа

dada

вешалица

babadada

шешир

dadababa

кравата

bababa

патент затварач

badada

кацига

dadaba

нараменице

dada

школска униформа

babadada

униформа

babababa

подбрадак
namnam

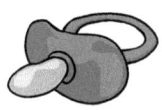

дуда
lula

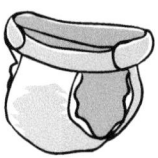

пелена
kaka!

канцеларија
baba

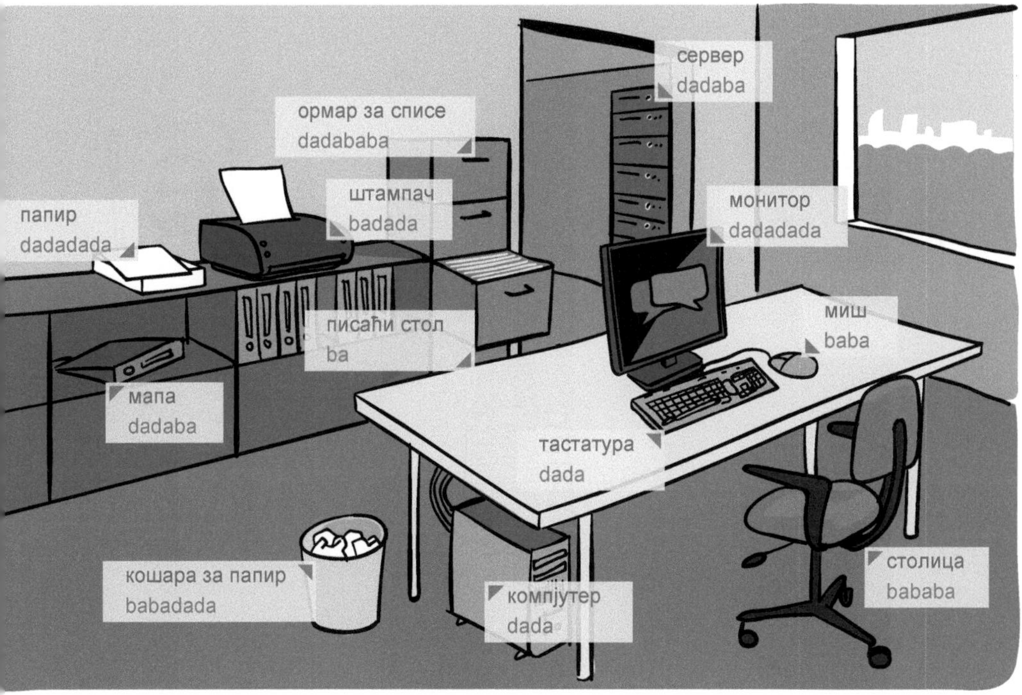

сервер
dadaba

ормар за списе
dadababa

монитор
dadadada

штампач
badada

папир
dadadada

миш
baba

писаћи стол
ba

мапа
dadaba

тастатура
dada

кошара за папир
babadada

компјутер
dada

столица
bababa

шалица за каву
dada

калкулатор
bababa

интернет
da da

лаптоп

papa!

писмо

dadababa

порука

ba

мобилни телефон

fon

мрежа

bababa

уређај за копирање

ba

софтвер

bababa

телефон

dada bing

утичница

aua!

факс

bababa

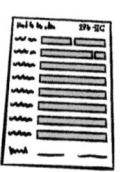

формулар

dadaba

документ

bababa

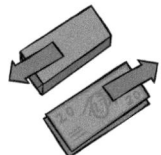

куповати

baba

платити

dadadada

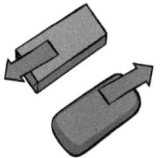

трговати

dadaba

новац

badada

долар

babadada

евро

dadaba

јен

bababa

рубља

ba

швајцарски франак

dada

ренминдби јуан

dada

рупија

ba

аутомат за новац

ba

мењачница

dadadada

злато

dadadada

сребро

baba

нафта

dadadada

енергија

ba

цена

dadadada

уговор

baba

порез

bababa

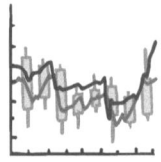

деонице

dadadada

радити

dadaba

службеник

dadadada

послодавац

dadababa

фабрика

dadaba

продавница

ba

полицајац
baba

ватрогасац
dada

кувар
babababa

лекар
aua!

пилот
bababa

вртлар
bababa

столар
bababa

кројачица
baba

судија
bababa

хемичар
dadaba

глумац
dadababa

возач аутобуса

ba

возач таксија

auto mann

рибар

bababa

чистачица

dadadada

кровопокривач

dadadada

конобар

dadadada

ловац

badada

сликар

dadadada

пекар

dadababa

електричар

papa!

грађевински радник

babababa

инжењер

bababa

месар

dadababa

лимар

dadadada

поштар

bababa

војник

dadadada

архитекта

ba

благајник

dadaba

цвећар

bababa

фризер

babadada

кондуктер

bababa

механичар

dadaba

капетан

dada

зубар

badada

научник

ba

раби

bababa

имам

dadaba

монах

dada

свећеник

dadadada

алати
dada

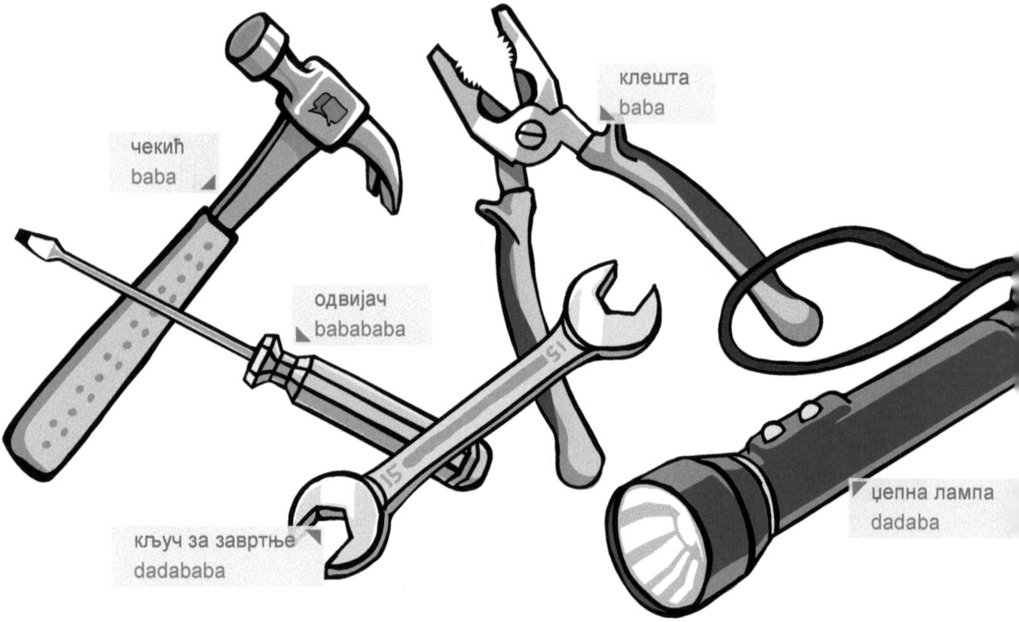

чекић
baba
клешта
baba
одвијач
babababa
цепна лампа
dadaba
кључ за завртње
dadababa

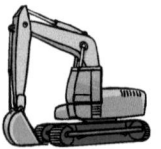

багер
dadaba

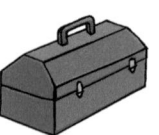

кутија за алат
baba

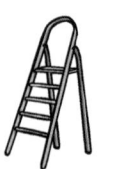

мердевине
babababa

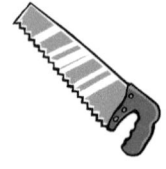

пила
dadaba

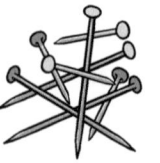

ексер
babadada

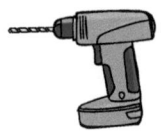

бушилица
dada

поправити

dadababa

лопата

dada

до ђавола!

aua!

лопатица

dada

лонац за боју

dadaba

завртањи

bababab

музички инструмент
bababa

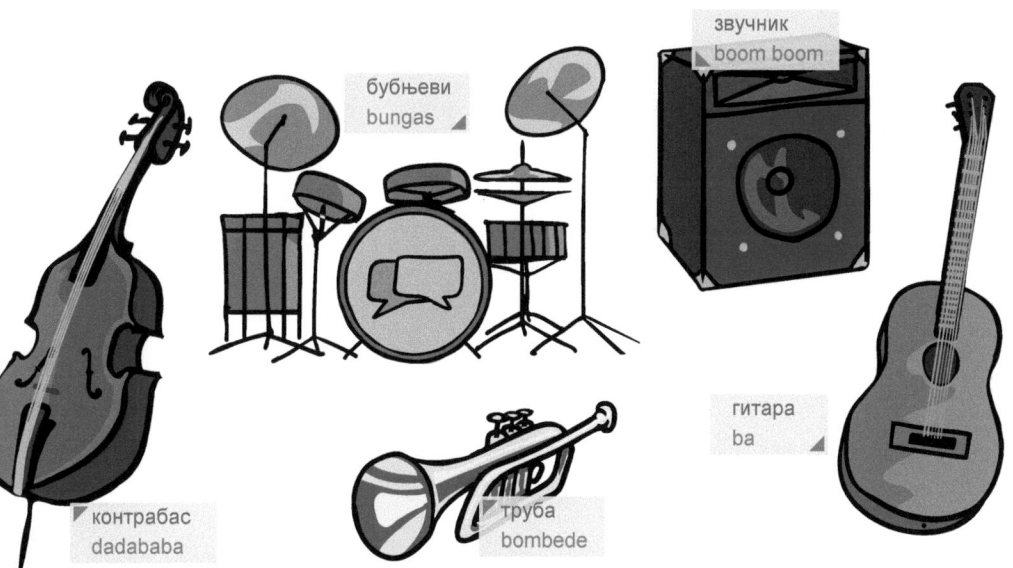

бубњеви
bungas

звучник
boom boom

гитара
ba

контрабас
dadababa

труба
bombede

клавир

bingbing

виолина

bababa

бас

ba

тимпани

badada

удараљке за бубњеве

bunga bunga

типке клавира

badada

саксофон

dadababa

флаута

dadababa

микрофон

dadadada

тигар
dada mau

улаз
baba

кавез
bababa

зебра
dadababa

храна за животиње
babadada

панда
dada

животиње

dadadada

слон

bababa

кенгур

dadaba

носорог

babadada

горила

dada

медвед

babababa

камила

dadaba

нôj

gackgack

лав

babadada

мajмун

dadaba

фламинго

gackgack

папагаj

bababa

поларни медвед

bababa

пингвин

dada

аjкула

bababa

паун

dadaba

змиja

badada

крокодил

babababa

чувар у зоолошком врту

dadadada

туљан

dada

jaгyaр

bababa

пони

ei!

леопард

dadadada

нилски коњ

dada

жирафа

bababababa

орао

bababa

дивља свиња

babadada

риба

nom nom!

корњача

dadadada

морж

anje

лисица

dadadada

газела

bababa

амерички ногомет
dadababa

бициклизам
dadaba

тенис
bum bum

кошарка
ball

пливање
badada

бокс
aua!

хокеј на леду
baba

фудбал
dadadada

бадминтон
badada

атлетика
dadababa

рукомет
ball

скијање
dadadada

поло
baba

скочити
dada

смејати се
baba

загрлити
bababa

певати
dadababa

ићи
dada

молити се
dadadada

пољубити
mama!

сањати
dadababa

писати
dadaba

цртати
dada

показати
dadababa

гурати
dada

дати
badada

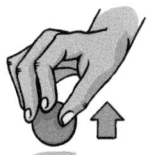

узети
dadaba

имати

dadaba

чинити

dadadada

бити

babadada

стојати

dadadada

трчати

baba

повлачити

dadababa

бацити

dadadada

падати

dadaba

лежати

badada

чекати

dadaba

носити

bababa

седити

ba

облачити

dadababa

спавати

heia!

пробудити се

bababa

гледати

babababa

плакати

baaaaaa

миловати

dadadada

чешљати

bababa

говорити

bababa

разумети

baba

питати

badada

слушати

dadababa

пити

bababa

јести

nomnom!

поспремити

badada

волети

ba

кухати

badada

возити

dadababa

летети

dadadada

пловити

dadababa

рачунати

dadababa

читати

dadadada

учити

dadababa

радити

dadaba

венчати се

baba

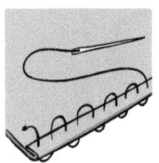

шити

dada

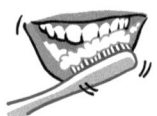

прати зубе

aua!

убити

aua!

пушити

dadababa

послати

babababa

породица
dadababa

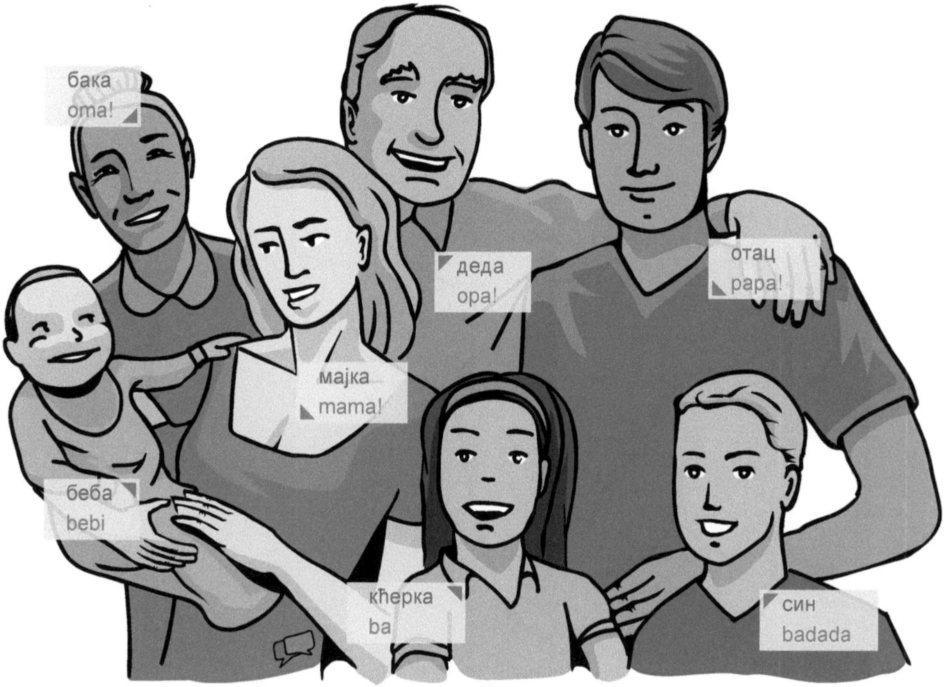
бака
oma!
деда
opa!
отац
papa!
мајка
mama!
беба
bebi
кћерка
ba
син
badada

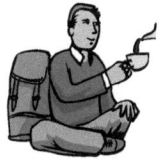

гост
baba

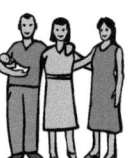

тетка
ba

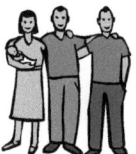

ујак, стриц
bababa

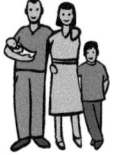

брат
nein!

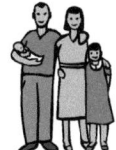

сестра
nein!

тело

dadababa

чело
bababa
око
dada
раме
bababa
прст
dada
лице
dada
брада
dadababa
рука
baba
груди
da
нога
dadaba
рука
bababa

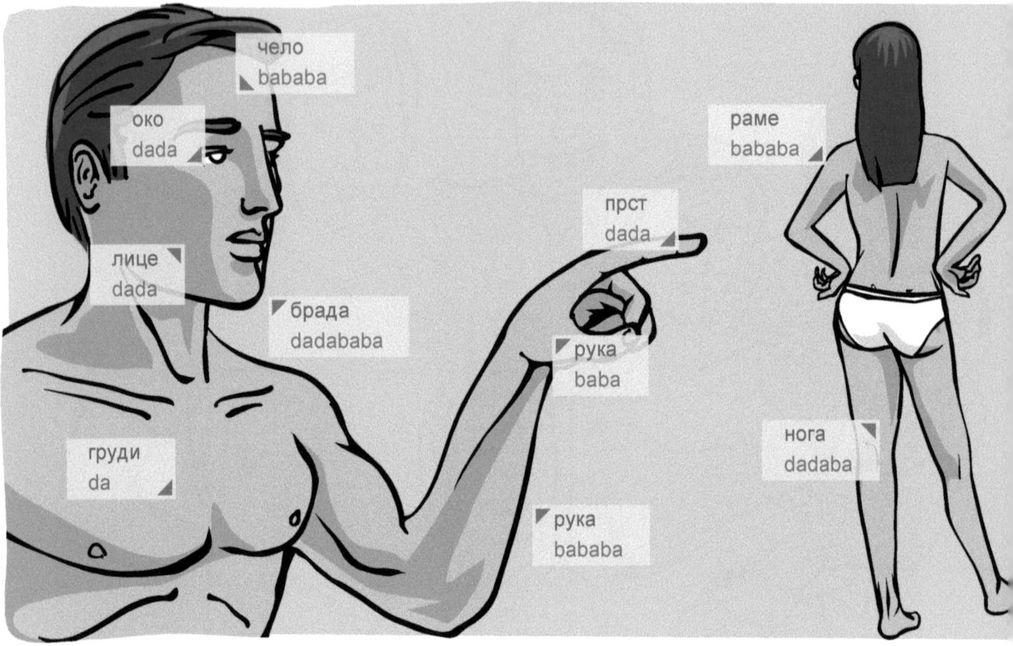

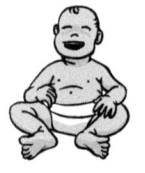

беба

bebi

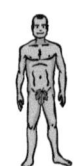

мушкарац

papa!

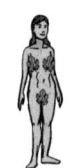

жена

mama

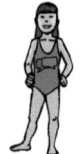

девојчица

baba

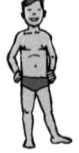

дечак

babadada

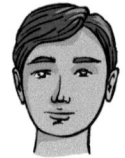

глава

bababa

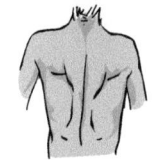

леђа

baba

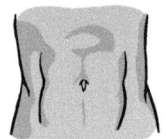

стомак

dadababa

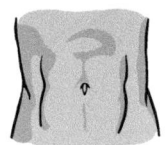

пупак

dada

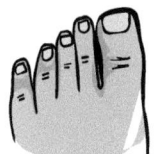

ножни прст

dadababa

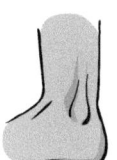

пета

ba

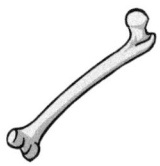

кост

badada

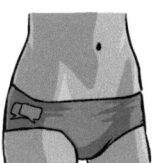

кукови

bababa

колено

dada

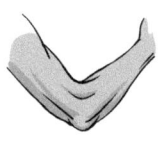

лакат

dadadada

нос

bababa

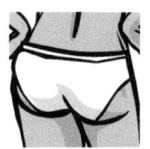

задњица

popo

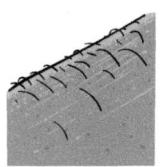

кожа

dadaba

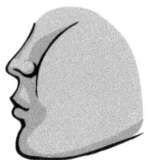

образ

badada

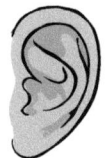

уво

dada

усна

babababa

уста

dadababa

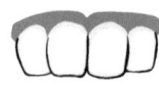

зуб

dadadada

језик

baba

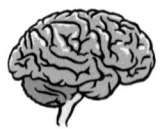

мозак

dadadada

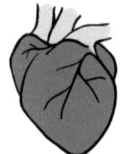

срце

baba

мишић

dada

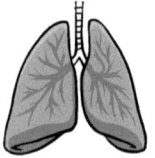

плућа

dada

јетра

dada

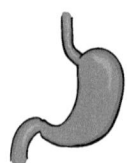

желудац

dadababa

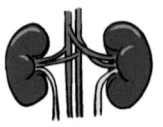

бубрези

dadaba

полни однос

babadada

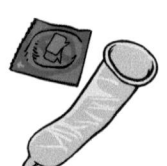

кондом

dada

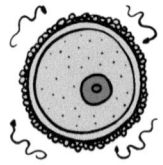

јајна ћелија

badada

сперма

dadababa

трудноћа

dadababa

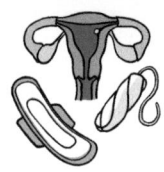

менструација
ba

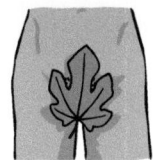

вагина
mumu

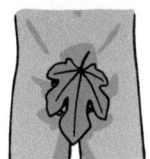

пенис
pipi

обрва
dada

коса
dadababa

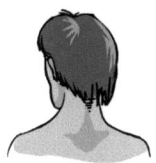

врат
bababa

болница
aua!

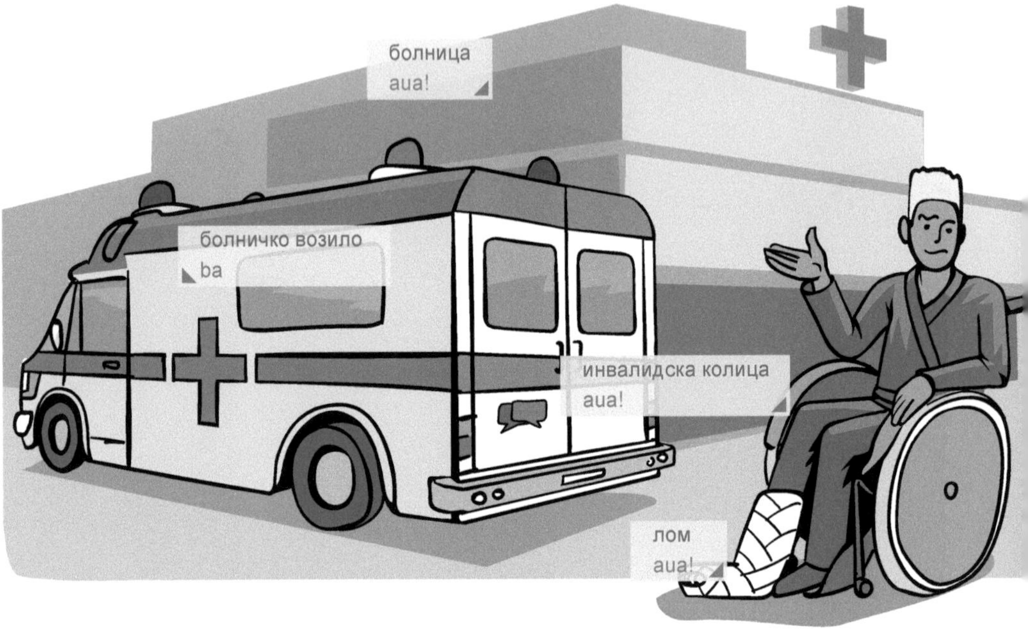

болничко возило
ba

инвалидска колица
aua!

лом
aua!

лекар

aua!

хитна медицинска служба

aua!

медицинска сестра

aua!

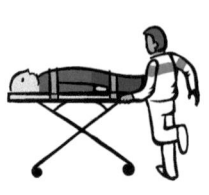

хитни случај

aua!

несвест

aua!

бол

dadababa

повреда
....
aua!

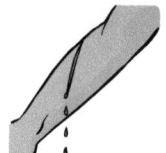

крварење
....
dadadada

срчани удар
....
aua!

удар
....
aua!

алергија
....
dadababa

кашаљ
....
aua!

грозница
....
aua!

грипа
....
aua!

пролив
....
aua!

главобоља
....
aua!

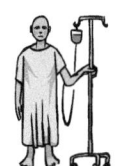

рак
....
aua!

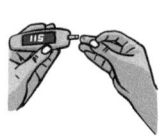

дијабетес
....
aua!

хирург
....
aua!

скалпел
....
aua!

операција
....
aua!

цт

aua!

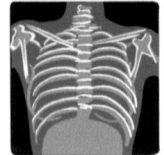

рентген

aua!

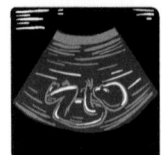

ултразвук

aua!

маска

aua!

болест

aua!

чекаона

aua!

штака

aua!

фластер

aua!

завоj

dadababa

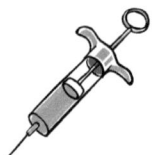

ињекциja

aua!

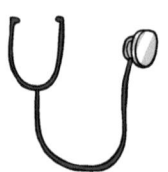

стетоскоп

aua!

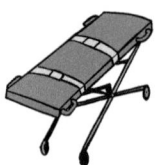

носила

aua!

термометар

aua!

рођење

aua! bebi!

прекомерна тежина

aua!

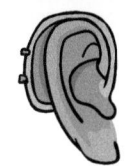

слушни апарат

....

aua!

средство за дезинфекцију

....

aua!

инфекција

....

aua!

вирус

....

aua!

хив / аидс

....

aua!

медицина

....

aua!

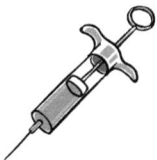

вакцинација

....

aua!

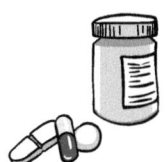

таблете

....

aua!

пилула

....

dadaba

хитни позив

....

aua!

уређај за мерење притиска

....

aua!

болесно / здраво

....

da / ba

помоћ!

aua!

аларм

aua!

насртај

aua!

напад

aua!

опасност

aua!

излаз у случају нужде

dadadada

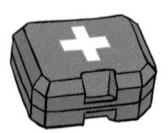

пожар!

dadaba

противпожарни апарат

dadaba

незгода

aua! aua!

кутија прве помоћи

aua!

сос

baba

полиција

dadadada

Европа

badada

Северна Америка

dadaba

Јужна Америка

dadababa

Африка

dadaba

Азија

dadaba

Аустралија

babababa

Атлантик

badada

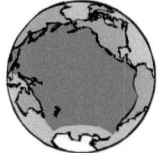

Пацифик

dadaba

Индијски океан

baba

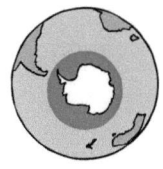

Антарктички океан

bababa

Арктички океан

dadababa

Северни рол

bababa

Јужни рол

dadababa

Антарктик

dadaba

земља

dada

земља

dadaba

море

badada

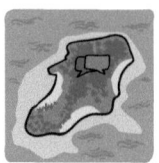

оток

dadadada

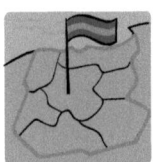

нација

dadadada

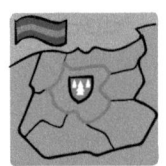

држава

dadababa

земља - dada

бројчаник сата
baba

сатна казаљка
babadada

минутна казаљка
baba

секундна казаљка
bababa

Колико је сати?
dadababa

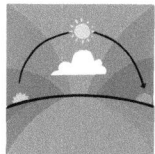

дан
babadada

време
dada

сада
baba

дигитални сат
dadababa

минута
dadababa

час
bababa

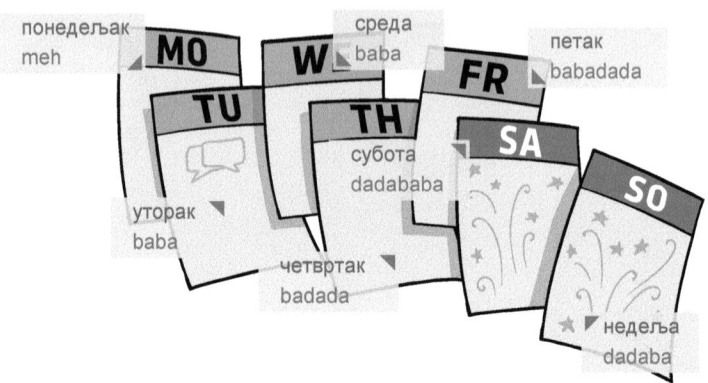

понедељак
meh

среда
baba

петак
babadada

уторак
baba

четвртак
badada

субота
dadababa

недеља
dadaba

јуче

dadadada

данас

dadababa

сутра

dadaba

јутро

baba

подне

baba

вече

dadadada

радни дани

dada

викенд

baba

киша
dadababa

дуга
dadaba

ветар
dadadada

снег
kalt

пролеће
dadadada

јесен
bababa

лето
badada

зима
kalt

метеоролошка прогноза

dadababa

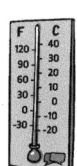

термометар

bababa

сунчана светлост

ba

облак

baba

магла

dadadada

влажност ваздуха

dada

муња

dadababa

грмљавина

dada

олуја

badada

туча

dadababa

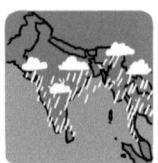

монсун

bababa

поплава

dadaba

лед

dadadada

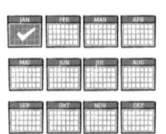

јануар

dadaba

фебруар

dadaba

март

bababa

април

dadadada

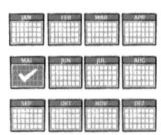

мај

dadadada

јуни

babababa

јули

baba

август

bababa

година - dadaba

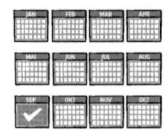

септембар

dadadada

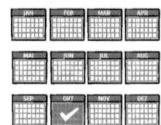

октобар

badada

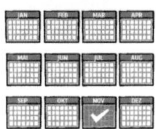

новембар

dadababa

децембар

baba

круг

baba

квадрат

badada

правоугао

dadababa

троугао

bababab

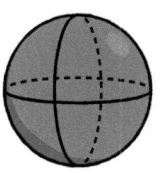

кугла

dadadada

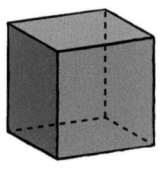

коцка

babababa

бела
....
dadababa

жута
....
babababa

наранџаста
....
baba

ружичаста
....
dadadada

црвена
....
babadada

љубичаста
....
dadababa

плава
....
dadadada

зелена
....
ba

смеђа
....
baba

сива
....
bababa

црна
....
badada

много / мало

da / ba

љутито / мирно

da / ba

лепо / ружно

da / ba

почетак / крај

da / ba

велико / малено

da / ba

светло / тамно

da / ba

брат / сестра

da / ba

чисто / прљаво

da / ba

потпуно / непотпуно

da / bada

дан / ноћ

da / ba

мртво / живо

da / ba

широко / уско

da / ba

јестиво / нејестиво

da / ba

зло / добро

da / ba

узбуђено / досадно

ba / ba

дебело / мршаво

da / ba

на почетку / на крају

ba / ba

пријатељ / непријатељ

da / bada

пуно / празно

da / ba

тврдо / мекано

da / ba

тешко / лагано

da / ba

глад / жеђ

da / bada

болесно / здраво

da / ba

илегално / легално

da / ba

паметно / глупо

da / ba

лево / десно

ba / ba

близу / далеко

da / ba

ново / половно

da / bada

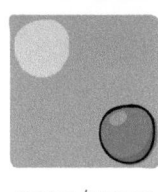

ништа / нешто

da / ba

старо / младо

ba / ba

укључено / искључено

da / ba

отворено / затворено

da / ba

тихо / гласно

da / ba

богато / сиромашно

ba / ba

тачно / погрешно

da / ba

храпаво / глатко

da / ba

тужно / сретно

ba / ba

кратко / дуго

da / ba

полако / брзо

da / ba

мокро / сухо

da / bada

топло / хладно

da / bada

рат / мир

da / ba

супротности - dadadada

0

нула

dada

1

један

a

2

два

ba

3

три

da ba da

4

четири

badabada

5

пет

dadababa

6

шест

dadaba

7

седам

badada

8

осам

dadababa

9

девет

dadaba

10

десет

dadadada

11

једанаест

badada

12

дванаест

baba

13

тринаест

bababa

14

четрнаест

baba

15

петнаест

babadada

16

шестнаест

dadababa

17

седамнаест

babababa

18

осамнаест

dadababa

19

деветнаест

bababa

20

двадесет

dadababa

100

стотину

baba

1.000

хиљаду

baba

1.000.000

милион

dadababa

dadadada

енглески

baba

амерички енглески

babadada

мандарински кинески

dadababa

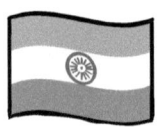

хиндски

ba

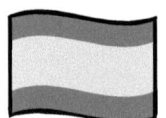

шпански

badada

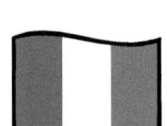

француски

ohlala

арапски

babadada

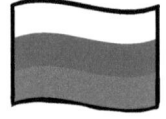

руски

dadaba

португалски

dada

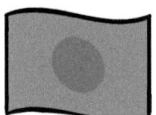

бенгалски

dadadada

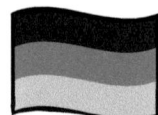

немачки

badada

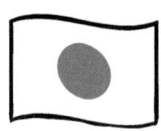

јапански

dadadada

ja

a

ти

dadadada

он / она / оно

da / da / da

ми

o ba ma

ви

bababababa

они

baba

Ко?

dadadada

Шта?

dadadada

Како?

baba

Где?

babababa

Када?

babadada

име

dadaba

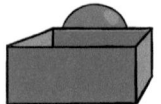

иза

baba

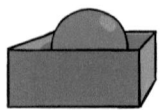

у

dadaba

испред

baba

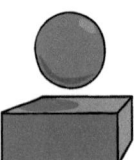

преко

ba

на

baba

испод

dadababa

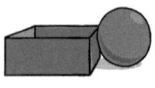

поред

bababab

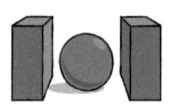

између

ba

место

dada